AF495885

ÉCOLE IMPÉRIALE DES CHARTES

POSITIONS DES THÈSES

SOUTENUES PAR LES

ÉLÈVES DE LA PROMOTION 1865-66

POUR OBTENIR

LE DIPLOME D'ARCHIVISTE-PALÉOGRAPHE

PARIS
IMPRIMERIE SIMON RAÇON ET COMPAGNIE
RUE D'ERFURTH, 1

1866

LES

VILLES NEUVES

EN FRANCE

DU XIe AU XIVe SIÈCLE

ÉTUDE

SUR LEUR ORIGINE, LEUR HISTOIRE, LEUR MODE DE FORMATION, LEUR ORGANISATION MUNICIPALE ET LEURS PRIVILÉGES

PAR

LOUIS COURAJOD

DE LA BIBLIOTHÈQUE IMPÉRIALE
LICENCIÉ EN DROIT

A toute époque civilisée, il y a eu des villes que des besoins nouveaux firent créer d'un seul coup et de fond en comble. Nous étudions les villes et les villages qui s'élèvent ainsi du onzième au quatorzième siècle et qui sont l'œuvre de l'administration seigneuriale. Leur nom le plus ordinaire est : Neuville, Ville-Franche, Bastide, et surtout Ville-Neuve.

CHAPITRE PREMIER

ORIGINES ET CAUSES

Éprouvées par les malheurs du neuvième et du dixième siècle, disséminées sur le sol, comprenant qu'elles avaient dû leur faiblesse à leur isolement, les populations qui renaissent avec l'an mil cherchent partout des abris et des lieux de réunion. Le nombre des anciens centres d'habitation est insuffisant. Les seigneurs offrent des territoires et des asiles à ces hommes qui veulent se grouper. La terre prend une valeur inconnue jusque-là ; les déserts se peuplent, et, quand le terrain fait défaut, les forêts s'ouvrent et tombent pour faire place à de populeuses cités.

Le contrat de l'hostise amène insensiblement à la ville neuve, qui est, à l'origine, la réunion d'un certain nombre d'hôtes et offre une sorte de contrat d'agriculture, un mode d'exploitation de la terre et un atelier de défrichement.

Enfin, les temps marchent : le pouvoir royal se heurte au pouvoir féodal et trouve dans la création des villes neuves un ingénieux moyen pour soustraire à son adversaire son influence, ses richesses et ses sujets.

CHAPITRE II

DÉVELOPPEMENT DES VILLES NEUVES ET LEUR RÉPARTITION SUR LE SOL FRANÇAIS

A partir du douzième siècle, les villes neuves surgissent de tous côtés avec une incroyable activité. Nous suivons leur développement dans toute la France. Les rois de ce pays, et surtout les rois d'Angleterre, se font remarquer par leur ardeur à fonder. C'est une pensée continuelle, et un système si arrêté dans l'esprit des princes anglais qu'on en voit les effets jour par jour dans les actes de leur administration en Guienne.

CHAPITRE III

MODE DE FORMATION DES VILLES NEUVES

Le morcellement du sol et les nécessités de la hiérarchie féodale amenèrent le plus souvent les seigneurs qui voulaient fonder une ville à s'associer pour réaliser leur désir. Ces associations s'appellent *pariages*. Ce sont de véritables actes de société formés pour l'exploitation d'un terrain. Presque partout les pariages sont conclus avec ou par des seigneurs ecclésiastiques.

Un projet précédait toujours l'exécution d'une ville neuve. Le terrain était choisi avec soin. Des hommes de l'art tracent les limites de la ville, en combinent les proportions et en dessinent le plan. Une partie du territoire affecté à la future aggrégation d'hommes est consacrée aux maisons, une autre aux potagers, une troisième fournira la terre cultivable qui sera offerte aux agriculteurs une fois qu'ils seront installés.

Les deux premières parties sont divisées en un certain nombre de portions égales. Les portions destinées à bâtir s'appellent le plus ordinairement *masures*, les portions destinées aux potagers *horti*. Chaque habitant recevra en arrivant une masure et un potager. Quelquefois l'égalité dans la répartition va plus loin encore, et un morcellement plus complet prépare pour chaque nouveau citoyen une même quantité de pré, de vigne, de bois, etc...

La forme de ces villes est le plus souvent un quadrilatère. Elles présentent toujours une figure aussi régulière que le terrain le permet. Les rues, tracées d'avance, reçoivent une largeur uniforme fixée par les chartes de fondation et protégée contre les empiétements. Elles sont toujours droites et se croisent à angle droit. Quatre d'entre elles en se coupant vers le centre de la ville laissent un espace libre qui devient le forum de la nouvelle cité. Le plan de toutes ces villes offre l'aspect d'un damier. — Les clôtures, d'abord formées de pieux, de fossés, de remparts de terre, devinrent de bons murs à la fin du treizième et au quatorzième siècle. Elles ont ordinairement quatre portes. Les seigneurs dotent ces villes d'établissements publics, d'églises, de fours et de moulins banaux.

Le projet mûri et l'emplacement disposé, le seigneur fait publier son projet et appelle, en leur promettant sa protection, tous ceux qui voudront venir. Les villes neuves, grâce à l'appât que le constructeur sait y placer, se peuplent rapidement des hôtes des villages voisins moins favorisés, des hommes libres qu'attirent les avantages offerts, enfin de serfs fugitifs, malgré les incessantes réclamations des propriétaires.

CHAPITRE IV

PRIVILÉGES, COUTUMES ET CHARTES DE COMMUNES

Les coutumes et priviléges accordés aux villes neuves sont de la part des seigneurs l'objet d'études et l'œuvre de gens de lois.

Les principaux priviléges étaient : avant tout, une assurance contre toute contribution arbitraire, des exemptions de service militaire pendant un certain nombre d'années, des exemptions de droits seigneuriaux, des concessions de droits d'usage dans les forêts seigneuriales pour bâtir et se chauffer, un rabais sur le taux ordinaire des amendes, enfin d'importantes libertés municipales.

Les villes neuves sont des communes, et, bien souvent, malgré l'opinion de M. Augustin Thierry, les premières des communes par les libertés municipales et l'excellence de leur administration. L'organisation municipale de nos villes est variée à l'infini. Nous la ramenons à trois espèces principales : 1° la ville se régit elle-même par des magistrats qu'elle élit ; 2° la ville est régie en partie par des magistrats élus par elle, en partie par des magistrats nommés par le seigneur ; 3° la ville est régie par des magistrats nommés exclusivement par le seigneur. Voici les principaux magistrats et officiers municipaux : *maires*, *baillis*, *baïles*, *prévots*, *villici*, *sergents*, *jurés*, *échevins*, *consuls*, *cossorts*, *juges*, *notaires*, *banniers*, *messiers*, *gardes*, *cursores*, *nuntii*, etc... Nous trouvons quelquefois des conseils municipaux de *bonnes gens* ou de *prudhommes*.

— —

CHAPITRE V

CONCLUSIONS

Les villes neuves ont eu en France un développement très-grand et une influence appréciable sur son histoire. Elles occupent une place considérable dans l'affranchissement des communes et constituent dans cette révolution une phase nouvelle, où l'on voit la liberté, non pas conquise à main armée par le serf, mais offerte par le seigneur. La création des villes neuves fut en grande partie l'œuvre de l'Église qui, contrairement à l'opinion généralement admise, se trouva amenée par son seul intérêt à développer dans les populations de son obédience les instincts de liberté. Enfin le mouvement universel qui produisit les villes neuves fut une manifestation importante de l'esprit démocratique. Elles créèrent à la roture des asiles d'où les seigneurs et les simples nobles étaient bannis. Dans quelques-unes, l'égalité et l'uniformité, s'étendant des hommes aux maisons, donnent à ces villes l'apparence de cités ouvrières.

Chaque élève publiera les positions de sa thèse isolément et sous sa responsabilité personnelle.

(*Règlement du* 10 *janvier* 1860, art. 7.)

www.ingramcontent.com/pod-product-compliance
Ingram Content Group UK Ltd.
Pitfield, Milton Keynes, MK11 3LW, UK
UKHW021018220726
13924UKWH00001B/40

9 782019 225162